Bibliografische Information der Deutschen Nationalbibliothek:

Die Deutsche Bibliothek verzeichnet diese Publikation in der Deutschen National-bibliografie; detaillierte bibliografische Daten sind im Internet über http://dnb.d-nb.de/ abrufbar.

Dieses Werk sowie alle darin enthaltenen einzelnen Beiträge und Abbildungen sind urheberrechtlich geschützt. Jede Verwertung, die nicht ausdrücklich vom Urheberrechtsschutz zugelassen ist, bedarf der vorherigen Zustimmung des Verlages. Das gilt insbesondere für Vervielfältigungen, Bearbeitungen, Übersetzungen, Mikroverfilmungen, Auswertungen durch Datenbanken und für die Einspeicherung und Verarbeitung in elektronische Systeme. Alle Rechte, auch die des auszugsweisen Nachdrucks, der fotomechanischen Wiedergabe (einschließlich Mikrokopie) sowie der Auswertung durch Datenbanken oder ähnliche Einrichtungen, vorbehalten.

Impressum:

Copyright © 2015 GRIN Verlag, Open Publishing GmbH
Druck und Bindung: Books on Demand GmbH, Norderstedt Germany
ISBN: 9783668477995

Dieses Buch bei GRIN:

http://www.grin.com/de/e-book/369492/planung-einer-wirbelsaeulengymnastik-stunde

Fabian Debus

Planung einer Wirbelsäulengymnastik-Stunde

GRIN Verlag

GRIN - Your knowledge has value

Der GRIN Verlag publiziert seit 1998 wissenschaftliche Arbeiten von Studenten, Hochschullehrern und anderen Akademikern als eBook und gedrucktes Buch. Die Verlagswebsite www.grin.com ist die ideale Plattform zur Veröffentlichung von Hausarbeiten, Abschlussarbeiten, wissenschaftlichen Aufsätzen, Dissertationen und Fachbüchern.

Besuchen Sie uns im Internet:

http://www.grin.com/

http://www.facebook.com/grincom

http://www.twitter.com/grin_com

Deutsche Hochschule für
Prävention und Gesundheitsmanagement
Hermann Neuberger Sportschule 3
66123 Saarbrücken

Einsendeaufgabe

Fachmodul: Gruppentraining I

Studiengang: Bachelor of Arts Fitnesstraining

Datum
Präsenzphase: 03.11-06.11.2014

Name, Vorname: Debus, Fabian

Studienort: **Köln**

Semester: **SS14**

Inhaltsverzeichnis

1   OPTIMALER PHASENVERLAUF EINER KURSEINHEIT 3

2   BESUCH EINER KURSEINHEIT 4

2.1   Phasenverlauf des besuchten Kurses 4

    2.1.1   Aussage und Darstellung des Optimalen Phasenverlaufs 4

    2.1.2   Darstellung des Optimalen Phasenverlaufs 5

2.2   Hauptteil angesprochener sportmotorischen Fähigkeiten 6

    2.2.1   Bedeutung von Ausdauer (eigene Wortfassung) 6

    2.2.2   Bedeutung von Koordination (eigene Wortfassung) 7

2.3   Betrachtung des Kurleiterverhaltensgruppe integrieren 7

    2.3.1   Funktion des Gruppentrainers 7

3   EXTERNE BEDINGUNGEN EINER KRUSEINHEIT 9

3.1   Rahmenbedingungen 9

    3.1.1   Äußere Rahmenbedingung 9

    3.1.2   Zielgruppe und Zielsetzung 9

4   PLANUNG EINER WIRBELSÄULENGYMNASTIK 10

4.1   Zielgruppe 10

4.2   Ziele der Wirbelsäulengymnastik 10

4.3   Material 10

4.4   Stundenplanung 10

    4.4.1   Phasenverlauf 10

    4.4.2   Planung und Durchführung einer Wirbelsäulengymnastik 16

5   LITERATURVERZEICHNIS 17

6   TABELLENVERZEICHNIS 17

1 Optimaler Phasenverlauf einer Kurseinheit

Tab.1: Optimaler Phasenverlauf (eigene Darstellung)

Begrüßung	
Persönliche Vorstellung	Einweisung Neukunden
Einführende Sätze	Motivierende Worte
Technische Hinweise	
Allgemeines Warm Up	
Mentale Einstimmung	Vorbereitung HKS
Erhöhung der Leistungsbereitschaft	Erhöhung der Körpertemperatur
Vorbereitung HKS	
Erhöhung der Körpertemperatur	
Spezielles Warm Up	
Vorbereitung der geforderten Muskelgruppe	Gewöhnung an das Trainingsgerät
Vorbereitung der Bewegungsabläufe	
Hauptteil	
Lineare Progression	Verknüpfungsmethode
Additionsmethode	
Cool Down 1	
Bewegungen im Stand	Senkung des Pulses
Bewegungen am Boden	
Cool Down 2	
Lockerungsübungen	Entspannungsübungen
Dehnübungen	Übergang zum Stand
Verabschiedung	
Worte zum Stundenverlauf	Feedback an Teilnehmer
Anregungen entgegennehmen	Hinweise auf Aktivitäten des Studios

2 Besuch einer Kurseinheit

2.1 Phasenverlauf des besuchten Kurses

Indoor – Cycling ist eine „Non-Impact'' Sportart, bei der das Radfahren auf der Straße mittels stationären, individuell einstellbaren Fahrrädern zu Hause oder in diversen Trainingseinrichtungen simuliert wird. Die ausdauerorientierten Kurs-Angebote werden von Speziell ausgebildeten Trainern geleitet und meistens mit motivierender Musik untermalt.

Für diese Analyse wurde an einen 60 minütigen ausdauerorientiertem Kurs mit der Bezeichnung Indoor - Cycling teilgenommen. Der Gruppentrainer hat bei dieser kursstunde nur einen kleinen Freiheitsbereich gelassen, in Form der individuellen Schwierigkeit-Steigerung, die über einen Drehknauf bestimmt wird.

2.1.1 Aussage und Darstellung des Optimalen Phasenverlaufs

Die getestete Indoor – Cycling Kurstunde ist weitgehend gelungen. Die Wirkung des Kurses war sehr angenehm und motivierend auch mal Kurse als Teilnehmer zu betrachten. Durch den Aufbau und die Heranführung ans Spinn Bike ist es ein Programm für Anfänger bis hin Experten. Der Gruppentrainer war stets aufmerksam, möglichst allen Kursteilnehmern die von ihn einstudierte Choreographie näher zu bringen, was nicht immer für Neueinsteiger sofort umsetzbar war, da der Trainer noch sehr unsicher mit seiner neu erlernten Choreographie war und sich Stark selbst drauf konzentrieren musste. Aus diesem Grunde konnte die Aufmerksamkeit des Trainers nicht immer mit zu 100% gewährleistet sein. Aber desto weiter die Stunde Fortschritt und die Musik ihre mitreisende Wirkung entfalte, desto besser wurde die Motivation die Stimmung und das Gemeinschaftsgefühl.

4

2.1.2 Darstellung des Optimalen Phasenverlaufs

Tab.2: Optimaler Phasenverlauf Gegenüberstellung des Kurses (eigene Darstellung)

Optimaler Phasenverlauf	Phasenverlauf des Kurses
Begrüßung	
Persönliche Vorstellung	Einführende Sätze
Einführende Sätze	Technische Hinweise
Technische Hinweise	Einweisung Neukunden
Einweisung Neukunden	
Motivierende Worte	
Allgemeines Warm Up	
Mentale Einstimmung	Erhöhung der Leistungsbereitschaft
Erhöhung der Leistungsbereitschaft	Vorbereitung HKS
Vorbereitung HKS	Erhöhung der Körpertemperatur
Erhöhung der Körpertemperatur	
Spezielles Warm Up	
Vorbereitung der geforderten Muskelgruppe	
Vorbereitung der Bewegungsabläufe	
Gewöhnung an das Trainingsgerät	
Hauptteil	Ausdauerorientiert
Lineare Progression	Lineare Progression
Additionsmethode	
Verknüpfungsmethode	
Cool Down 1	
Bewegungen im Stand	Bewegung im Stand
Bewegungen am Boden	Bewegung im Sitzen
Senkung des Pulses	
Cool Down 2	
Lockerungsübungen	Dehnübungen
Dehnübungen	Übergang zum Stand
Entspannungsübungen	
Übergang zum Stand	
Verabschiedung	
Worte zum Stundenverlauf	Worte zum Stundenverlauf
Anregungen entgegennehmen	Anregungen entgegennehmen
Feedback an Teilnehmer	
Hinweise auf Aktivitäten des Studios	

Auch wenn diese Stunde weitgehen gelungen war, sind natürlich Kritikpunkte oder Verbessrungen angebracht. Der der eigentliche Phasenverlauf eines ausdauerorientierten Kurses besteht zu aus 1/5 Einleitung, zu 3/5 Hauptteil, und 1/5 Schusseil. Hier wurde die Einteilung allerdings nicht weitgehend berücksichtigt, der Hauptteil blieb zwar weitgehen der Längste, aber mit einen Einteilung von 5/7, die Einleitung und der Schlusteil jeweils nur mit 1/7. Des Weiteren waren die Begrüßung und die persönliche Vorstellung sowie die motivierenden Worte ausgefallen. Die Technischen Hinweise und die Einbindung von Neukunden konnten positiv hervorgehoben werden. Das allgemeine und spezielle Warm Up wurde durchdacht wiedergegeben und erfüllte somit alle Ziele. Der Hauptteil war sehr umfangreich und zugleich abwechslungsreich, was die Kursteilnehmer bei Laune hielt. Durch die Lineare Progression konnten die Kursteilnehmer auch hier gut folgen und am Kursverlauf problemlos teilnehmen. Im Schlusteil wurde ein Cool Down1 eher Vernachlässigt. Lediglich ein minimales Ausradeln mit geringen wiederstand, hingegen wurde das Cool down 2 durch Dehnübungen im Stand auf den Bike mit eine Übergang zum Stand neben den Bike, mit folgenden Dehnübungen.

Letztendlich fehlte bei der Verabschiedung ein klares Feedback des Gruppentrainers. Hervorzuheben waren hier das Zusammenfassen der Stunde und die Anregungen geäußert und entgegengenommen wurden

2.2 Hauptteil angesprochener sportmotorischen Fähigkeiten

Koordination und Kraftausdauer sind die Hauptmerkmale in Hauptteil des Kurses.

Der Aufbau sowie der ganze Verlauf des Kurses beziehen sich dort drauf,

im Kurs wird das HKS sehr beansprucht, sowie stark vermehrt die Gesäßmuskulatur und Beinmuskulatur.

Hauptteil des Kurses sind (Seated Road = Rollen Lassen)

(Seated Climb = Leichtes anheben des Gesäßes)

(Standing Climb = Stehendes Fahren)

(Jumps = Variation von Sitzendes und stehendes Fahren im Rhythmisch wechsel)

2.2.1 Bedeutung von Ausdauer (eigene Wortfassung)

Als Ausdauer wird die Fähigkeit bezeichnet, eine bestimmte Belastung über eine möglichst lange Zeit hinweg aufrecht zu erhalten.

Der Marathonlauf ist eine Disziplin, bei der primär Ausdauer gefragt ist. Die Ausdauerfähigkeit wird überwiegend aerob (bei 60 bis 80 Prozent der maximalen Herzfrequenz) trainiert.

Das heißt, es steht ausreichend Sauerstoff für die Energiebereitstellung zur Verfügung. Mit dem Training soll die anaerobe Schwelle durch Anpassungsvorgänge im Körper wie etwa der Vergrößerung des Herzmuskels, der Vermehrung der Blutzellen, einer feineren Verästelung der Lungenbläschen etc. nach hinten verschoben werden. Im Intervalltraining wird zeitweilig bis an die anaerobe Schwelle bei 80 Prozent der maximalen Herzfrequenz und auch darüber hinaus trainiert, um die Regenerationsfähigkeit des Körpers zu verbessern.

2.2.2 Bedeutung von Koordination (eigene Wortfassung)

Als Koordination wird das Zusammenspiel zwischen dem Nervensystem und der Muskulatur bezeichnet. Während sich Ausdauer, Kraft, Schnelligkeit und Beweglichkeit primär auf die Hardware des Körpers beziehen, beschreiben die Koordinatoren Fähigkeiten eher die Software. Zu den Koordinatoren Fähigkeiten gehören die Orientierungsfähigkeit, die Kopplungsfähigkeit, die Gleichgewichtsfähigkeit, die Rhythmisierungsfähigkeit, die Differenzierungsfähigkeit, die Antizipationsfähigkeit, die Reaktionsfähigkeit und die Umstellungsfähigkeit.

2.3 Betrachtung des Kurleiterverhaltensgruppe integrieren

2.3.1 Funktion des Gruppentrainers

<u>Lehrer:</u> Der Gruppentrainer hat eine hohe Verantwortung für seine Teilnehmer. Aus diesem Grund sollte jeder einzelne Kurs sorgfältig vorbereitet werden. Hierbei sind die Ziele klar zu definieren und die Inhalte auf die Zielgruppe abzustimmen. Jede einzelne Übung sollte der Trainer begründen, erklären vormachen und korrigieren sowie die Teilnehmer über fachliche Zusammenhänge informieren können. Auf Fragen der Kursteilnehmer sollte der Gruppentrainer immer vorbereitet sein und bei Bedarf auch für eine persönliche fachliche Beratung zur Verfügung stehen

<u>Dienstleister:</u> In der Funktion des Dienstleisters sollte der Gruppentrainer für gute äußere Bedingungen sorgen (technisch, räumlich, klimatisch), als Ansprechpartner für die Kursteilnehmer vor und nach dem Kurs fungieren, gut in den Kurs bzw. die Gruppe integrieren.

<u>Vorbild:</u> Der Gruppentrainer sollte das Vorleben, was er den Kursteilnehmern vermittelt – Gesundheit, Fitness, Freundlichkeit, Fröhlichkeit, Spaß, u.a. Sein äußeres Erschei-

nungsbild und sein gesamtes Auftreten werden von den Kunden sehr bewusst wahrge-
nommen – und das nicht nur während des Kurses. Aus diesem Grund sollte der Gruppentrainer für seine persönliche, körperliche Fitness sorgen, fitnessorientierte Kleidung
tragen, ein gepflegtes Äußeres vorweisen, sich in guter Haltung präsentieren und stets
freundlich und fröhlich auf die Teilnehmer zugehen.

Animateur: Der Spaß am gemeinsamen Trainieren und gute Laune sind für die meisten
Kursteilnehmer wichtig. Der Gruppentrainer soll beides durch seine Erscheinung, seine
Ausstrahlung, sein Auftreten und im Umgang mit den Kunden vermitteln. Er muss
ständig präsent sein, seine Alltagssorgen in den Hintergrund stellen und sich aktiv und
freundlich um seine Kursteilnehmer kümmern. Mit auftretenden äußeren Problemen und
Kritik von Seiten der Teilnehmer sollte er immer flexibel und professionell umgehen,
im Gespräch positiven Formulierungen anwenden Eindruck hinterlassen. Die angemes-
sene Motivation der Teilnehmer durch den Kursleiter wird zum Erfolg eines Kurses
seinen großen Beitrag leisten.

Tab.3: Optimales Trainerverhalten Gegenstellung zum Getesteten Kurs (eigene Darstellung)

Trainerverhalten		
Optimales Trainerverhalten	Rolle	Verhalten des getesteten Trainers
Sorgfältige Vorbereitung Ziele/ Zielgruppe definieren Fachliche Zusammenhänge weitergeben	Lehrer	Sorgfältige Vorbereitung Fachliche Zusammenhänge weitergeben
Äußere Bedingungen Ansprechpartner Pünktlichkeit Integration von Neukunden	Dienstleister	Äußere Bedingungen Ansprechpartner Pünktlichkeit Integration von Neukunden
Vorleben des zu vermittelnden Inhaltes Erscheinungsbild Gute Körperhaltung Gesamtes Auftreten	Vorbild	Vorleben des zu vermittelnden Inhaltes Erscheinungsbild Gute Körperhaltung Gesamtes Auftreten
Vermittlung von Spaß guter Laune Aktivität und Freundlichkeit Professioneller Umgang mit Problemen	Animateur	Vermittlung von Spaß guter Laune Aktivität und Freundlichkeit Professioneller Umgang mit Problemen

3 Externe Bedingungen einer Kruseinheit

Im Folgenden wird eine 45-minütige Kursstunde zum Thema „Wirbelsäulengymnastik"
erstellt. Hierbei wird auf verschiedene Punkte wie die äußeren Bedingungen
und Zielgruppe, allgemeine Informationen, den kompakten Stundenverlauf
mit Übungen und abschließend noch auf die Planung und Durchführung einer
WSG eingegangen.

3.1 Rahmenbedingungen

Voraussetzungen einer eigentlichen Unterrichtsplanung sind unbedingt die Rahmenbedingungen und die Formulierung der Zielgruppe. Diese beeinflussen die Qualität des
Kurses und unterscheiden diesen letztlich von standardisierten und professionellen Kur-
sen.

3.1.1 Äußere Rahmenbedingung

- Kursraum: für 16 Teilnehmer/-innen (80qm Fläche)
- Benötigte Materialien:
- Matte
- Handtuch
- Empfehlenswert Getränk
- Musikanlage: ruhige Musik
- Raumgeräusche: Raumgeräusche minimieren z.B. Lüftung
- Spiegel zur Kontrolle: linke und vordere Seite

3.1.2 Zielgruppe und Zielsetzung

- Leistungslevel: Anfänger/- in bis Fortgeschrittene/-r
- Geschlecht: Weiblich und Männlich
- Risikofaktoren: keine (bei richtiger Technik)
- Einschränkungen: Personen ohne Ärztliche Erlaubnis
- Für Teilnehmer: Personen mit Beruflich sitzender oder Monotonen Bewegungs-
  abläufen Stärkung der Mobilität und Wirbelsäule, für Personen mit Bestehenden
  Rückenschmerzen oder zur Vorbeugung, im Alter: 25-60 Jahren

4 Planung einer Wirbelsäulengymnastik

4.1 Zielgruppe

Kursangebot: Wirbelsäulengymnastik, ist für Eine Gruppengröße von bis zu 16 Personen in einen 80qm Großen Kursraum, für Männlich und Weiblich im Alter vom 25- 60 Jahren, das Leistungslevel bewegt sich im Bereich vom Anfänger bis hin zum Fortgeschrittenen

4.2 Ziele der Wirbelsäulengymnastik

Die Zielsetzung trägt eine entscheidende Rolle bei der Planung einer WSG Stunde. Hierbei wird zwischen allgemeiner und spezieller unterschieden. Bei dieser WSG Stunde legt die allgemeine Zielsetzung ihr Hauptaugenmerk auf die Prävention, die Steigerung der Alltagsbelastbarkeit, die Mobilitätssteigerung und die Kräftigung im Rumpfbereich, wohingegen die spezielle auf eine Verbesserung von Verspannungen im Halswirbelbereich und die Aufrichtung im Brustwirbelbereich abzielt.

4.3 Material

Ausstattung: Kleingerate (Hanteln, Matten, Therabander, Hanteln, Tubes, Fitball, etc.) in ausreichender Stuckzahl für bis zu 17 Teilnehmer

4.4 Stundenplanung

4.4.1 Phasenverlauf

Tab.4: Phasenverlauf in der Übersicht (eigene Darstellung)

Gesamtdauer 10 Minuten	Begrüßung, warten bis alle Teilnehmer startbereit sind
Einleitung insgesamt 1 Min	Ziel: Geordneter Beginn der Kursstunde, Einführung der Teilnehmer, mentale Einstimmung der Kursteilnehmer
Allgemeines Warm Up 4 min	Ziel: Anregung des Herz-Kreislauf-System, Körpertemperatur erhöhen, Durchblutung steigern, Minderung der Verletzungsrisikos, ggf. gegenseitiges Kennenlernen der Kursteilnehmer.
Spezielles Warm Up 5 Min	Ziel: Vorbereitung der im Hauptteil folgenden Bewegungsablaufe, Mobilisation der beteiligten Gelenke, Pre-Stretch der im Hauptteil benötigten Muskulatur

Gesamtdauer 25 Minute	Ziel: Kräftigung der (Wirbelsäulen-) Stutzmuskulatur, Haltungsschu-
Hauptteil 25 Min	lung, Verbesserung der Beweglichkeit, Erhöhung der Alltagsbelast-barkeit.
Gesamtdauer 10 Minuten	Ziel: Herz-Kreislauf-System beruhigen/ in Ausgangszustand
Cool Down I 5 Min	bringen, Pulsschlag senken, Dehnen der Muskulatur & Steigerung der Beweglichkeit (Senkung des Muskeltonus), Lockerung der Mus-kulatur
Cool Down II 5 Min	Ziel: Entspannung der Muskulatur, mentale Beruhigung der Kursteilnehmer, Steigerung der Entspannungs Fähigkeit. Verabschiedung/ Kursrelevante Ruckfragen der Teilnehmer

Tab.5: Phasenverlauf: Allgemeines (eigene Darstellung)

Phasenverlauf: Allgemeines Warm Up 5 Minuten			
Ziel der Übung	Übungsbezeichnung und Übungsbeschreibung	Belastungsgefü-ge	Bemer-mer-kung
Einstieg in das Aufwärm-programm, langsame Anregung des Herz-Kreislaufsystems	Walking im Kreis: Gruppe läuft im Kreis, langsame Temposteige-rung mit Ansage hin zum flotten marschieren Übergang zur nächsten Übung	Lockeres Ein-laufen 1 min	
Steigerung der Belastung Einstieg in zusätzlich betonte Armbewegung Koordination Übung	Nordic Walking Schritt: Große, betonte Schritte: Beine und Arme lang nach vorne; zugiges Marschtempo. Übergang zur nächsten Übung durch schrittweise Senken der Geschwindigkeit auf Walking-Tempo.	Etwas höhere Geschwindig-keit, höherer Koordi-nativer An-spruch 2 min	
Halten des Pulslevels + Steigerung der Koordina-tion/Orientierung im Raum	Ruckwarts laufen: ca. 10 Sekunden geordnet im Kreis, anschlie-ßend kreuz und quer Laufen + Ansage von Richtungswechseln alle 10 Sek.; langsame Temposenkung zum Übergang in spez. Warm Up geordnetes vor-wärts Laufen innerhalb der letzten 10 Sek.	moderate Ge-schwindigkeit bei gesteigertem Koordinativen Anspruch 1 min	

Tab 6: Phasenverlauf: Spezielles Warm Up (eigene Darstellung)

Phasenverlauf: Spezielles Warm Up 5 Minuten			
Ziel der Übung	Übungsbezeichnung und Übungsbeschreibung	Belastungsgefüge	Be-mer-kung
Übergang von allge-meinem in spez. Warmup Schulte Mo-bilisation	Schulterkreisen: langsames, kontrolliertes Kreisen der Schultern wahrend Laufbewegung; 20 Sekunden Ruck-warts, 20sek. vorwärts; langsame Temposenkung bis zum Stillstand, anschließend 20 Sek. gegen-läufig kreisen.	kontrolliertes Bewegungstempo, 60 Sekunden Schultermobilisa-tion.	
Rumpfmobilisation, Pre-Stretch M. Latis-simus Dorsi mit Rumpfmus-kulatur	Gesundheitsorientierte Seitbeuge: Kontrollierte Seitbeuge im Huft breitenstand – Vermeidung einer unfunktionellen Bewegungs-richtung durch Fixierung der Hufte (Gesas ange-spannt) + Streckung des Arms schräg nach oben .	kontrollierte Be-wegung ohne starke Dehnbelas-tung; 30 Sekun-den	

11

	Dynamische Ausführung; 15 Sek.		
Nackenmobilisation (HWS) + Pre-Stretch M. trapezius	Dehnung obere Nackenmuskulatur: Falten der Hände über dem Kopf, Arme nach vorne strecken, Blick zum Boden, Schulterblatter weit auseinander ziehen und wieder lockern, Durchführung für 10 Sek. anschließend Arme ausschütteln und 4x Wiederholen.	kontrollierte Bewegung ohne starke Dehnbelastung; 60 Sekunde gesamt.	
Pre-Stretch M. pectoralis major	Dehnung der Brustmuskulatur: Arme ausgestreckt horizontal neben dem Körper, leichte Beugung im Ellbogengelenk; Handflachen Richtung Decke (Supiniert); stolze Brust, dynamisches Dehnen über ziehen der Arme Richtung Dorsal.	Kontrollierte Bewegung ohne starke Dehnbelastung ; 60 Sekunden gesamt.	
Pre-Stretch M. gastrocnemius + M. soleus	Dehnung der Wadenmuskulatur: Leichte Schrittstellung, gerader Rucken mit Kopf in Verlängerung der Wirbelsäule, ein Bein gestreckt mit komplettem Fus auf dem Boden, vorderes Bein anwinkeln bis zur Dehnung in der Wade des hinteren Beines, leichtes Dynamisches Dehnen ; Füße in einer Linie. Anschließend rucken gerechte Übergang zum Boden. Nach 30 Sek. Bein wechseln	kontrollierte Bewegung ohne starke Dehnbelastung; 60 Sekunde gesamt.	
Mobilisation der Wirbelsäule + Pre-Stretch M. errector spinae; Übergang in Startposition des Hauptteils.	Rückenmobilisation - „Katzenbuckel": Vierfüslerstand auf dem Boden, Physiologische Rückenhaltung, Kniegelenk unter Hufte, Handgelenke unter Schultern, Fingerspitzen zeigen leicht nach Innen; Bauchmuskeln sind angespannt; anschließend Aufrollen der Wirbelsäule nach oben; kurzes Halten der Spannung, dann zurückrollen der Wirbelsäule in Grundposition. 5x Wiederholen.	kontrollierte Bewegung ohne starke Dehnbelastung; 30 Sekunde gesamt.	

Tab.7: Phasenverlauf: Hauptteil Kräftigungsübung (eigene Darstellung)

Phasenverlauf: Spezielles Hauptteil Kräftigungsübung 25 Minuten			
Ziel der Übung	Übungsbezeichnung und Übungsbeschreibung	Belastungsgefüge	Bemerkung
Dynamische Kräftigung des M. Glutaeus, M. biceps femoris, M. semitendinosus M. semimembranosus	Dorsalextension im Vierfuslerstand: Nach wie vor Grundposition im Vierfuslerstand auf dem Boden; Grundspannung in Gesas und Rumpfmuskulatur. Rechtes Bein wird vom Boden angehoben und angewinkelt. Angewinkeltes Bein wird nach oben geführt bis Oberschenkel in der Verlängerung der Wirbelsäule ist; Anschließend wieder Senken. 8 Wiederholungen pro Bein im Takt der Musik (32 bzw. 64 BPM), anschließend Wechsel. 3 Sätze. Nach Letztem Satz (linkes Bein) Wechsel in Seitenlage (rechts).	8 Wiederholungen pro Bein über 3 Sätze, entsprechen 3x 15 Sekunden TUT pro Bein. Gesamtübungszeit = 90 Sekunden.	
Dynamische Kräftigung des M. obliquus externus abdominis, M. obliquus internus abdominis + M. erector spinae	Lateralflexion aus dem seitlichen Ellenbogenstutz (rechts):Startposition im seitlichen Ellenbogenstutz; Beine im Kniegelenk ca. 90° gebeugt; Kopf, Oberkörper, Becken und Oberschenkel in Verlängerung; Anschließend Absenkung des Beckens bis knapp über den Boden bzw. gemäß möglicher ROM, zurückführen hin zur Körperlangsachse. nach 8 Wiederholungen im Takt der Musik, Obere Position 15 Sekunden halten; anschließend weitere 8 Wiederholungen.	30 Sekunden Dynamische; 15 Sekunden statische Arbeit	

	Anschließend Wechsel in die Rückenlage		
Dynamische Kräftigung des M. Glutaeus Maximums, M. biceps femoris, M. semitendinosus + M. semimembranosus	Bridging: Beine mit aufgestellten Füße aus der Rückenlage anwinkeln, Arme seitlich am Oberkörper; Becken vom Boden heben bis Oberschenkel und Oberkörper gerade zu einander stehen, anschließend Becken zur Ausgangsposition zurückführen. nach 8 Wiederholungen im Takt der Musik, Obere Position 15 Sekunden halten; anschließend weitere 8 Wiederholungen. Dann in Oberer Phase halten und Übergang zur nächsten Übung.	30 Sekunden Dynamisch : 15 Sekunden statische Arbeit.	
Stabilisierung der Wirbelsäule durch propriozetive Aktivierung der tiefliegenden Anteile der autochthonen Rückenmuskulatur	Bridging mit Hackender Armbewegung: Grundposition in Schulter brücke mit angehobenem Becken. Arme nach vertikal nach oben fuhren; Handflachen zeigen zueinander, anschließend schnelle hackende Bewegungen für 15 Sekunden (8 Beats); Becken senken und 4 Beats pausieren, anschließend noch 2x Wiederholen. Danach, Wechsel in den Seitstutz (links)	insgesamt 45 Sekunden statische und propriozetive Arbeit.	
Dynamische Kräftigung des M. obliquus externus abdominis, M. obliquus internus abdominis + M. erector spinae	Lateralflexion aus dem seitlichen Ellenbogenstutz (links): Startposition im seitlichen Ellenbogenstutz; Beine im Kniegelenk ca. 90° gebeugt; Kopf, Oberkörper, Becken und Oberschenkel in Verlängerung; Anschließend Absenkung des Beckens bis knapp über den Boden bzw. gemäß möglicher ROM, zurückfuhren hin zur Körperlangsachse. nach 8 Wiederholungen im Takt der Musik, Obere Position 15 Sekunden halten; anschließend weitere 8 Wiederholungen. Anschließend Wechsel in Vierfuslerstand	30 Sekunden Dynamische; 15 Sekunden statische Arbeit.	
Dynamische Kräftigung des M. Glutaeus Maximss, M. biceps femoris, M. semitendinosus, M. semimembranosus + M. deltoideus	Rückendiagonale („Supermann"): Grundposition im Vierfuslerstand, Das rechte Bein und der linke Arm werden vom Boden angehoben; Knie und Ellenbogen nähern sich an und werden anschließend bis zur Verlängerung der Körperlangsachse gestreckt. 8 Wiederholungen pro diagonalem Arm +Bein im Takt der Musik (32 bzw. 64 BPM), anschließend Wechsel. 3 Sätze. Dann Wechsel in Bauchlage.	8 Wiederholungen pro Bein über 3 Sätze, entspricht 3x 15 Sekunden TUT pro Bein. Gesamtübungszeit= 90 Sekunden.	
Dynamische Kräftigung des M. erector spinae	Hyperextension aus der Bauchlage: Bauchlage auf dem Boden mit gestreckten Armen; Handflachen Zeigen zur Körpermitte; Kopf ist in Verlängerung der Wirbelsäule mit Blickrichtung nach Oben; Gesäßmuskulatur ist angespannt; Zehen aktiv zum Boden gedruckt; Anschließend Oberkörper mit fixierten Armen leicht vom Boden anheben. 16 Kontrollierte Wiederholungen. Anschließend Oberkörper statisch in Oberer Position halten Übergang zur nächster Übung	16 Wiederholungen entsprechen ca. 30 Sek. TUT	
Statische Arbeit des M. erector spinae mit zusätzlich dynamischer Arbeit des M. deltoideus und propriozetive Training	Hyperextension mit hackenden Händen: Grundposition aus vorheriger Übung Bauchlage mit angehobenem Oberkörper, aus Statischer Haltung heraus hackende Bewegung mit den Händen für 15 Sekunden (8 Beats), anschließend Oberkörper wieder senken und kurz entspannen, dann 2 weiteren Sätzen. Danach Wechsel in seitlichen Ellenbogenstutz (rechts).	3 Satze a 15 Sekunden statischer und dynamischer Arbeit – entspricht 45sek. TUT	
Dynamische Kräftigung des M.	Statische Lateralflexion mit Abduktion der Gliedmasen:	45 Sek. Dynamische Arbeit mit	

Glutaeus medius, M Glutaeus Minimus, M. Tensor fasciae latae + M. deltoideus + Koordinatives Training	Startposition im seitlichen Ellbogenstutz mit angehobenem Becken; je nach Leistungsstufe entweder angewinkeltes oder gestrecktes unteres Bein; Becken und Oberkörper in einer Linie mit der Frontalebene; anschließend abspreizen der oberen Gliedmasen und zurückfuhren in Ausgangsposition. 8 Wiederholungen im Takt der Musik, anschließend 10 Sekunden Pause und 3 weitere Satze. Anschließend Wechsel in Rückenlage	55 Sekunden durchgängiger statischer Arbeit	
Kräftigung von M. rectus abdominis, M obliquus externus abdominis, M. obliquus internus abdominis + M. transversus abdominis	Crunches Gerade: Grundposition in Rückenlage mit angewinkelten Beinen und aufgestellten Füße. Hände verschränkt vor dem Brust Korb oder leicht stutzend an der Seite des Kopfes, Kopf angehoben ca faustbreit Abstand zwischen Kinn und Brustkorb; Grundspannung im Bauch herstellen (Bauchnabel nach innen ziehen) und anschließend Oberkörper bis zur Lendenwirbelsäule aufrollen. 16 Wiederholungen im Takt der Musik, 3 Satze mit jeweils 4 Beats (~7,5sek.) Pause zwischen den Sätzen. Anschließend Wechsel in seitlichen Ellenbogenstutz (links).	TUT teilweise statisch, teilweise dynamisch = 90 Sek. gesamt.	
Dynamische Kräftigung des M. Glutaeus medius, M Glutaeus Minimus, M. Tensor fasciae latae + M. deltoideus + Koordinatives Training	Statische Lateralflexion mit Abduktion der Gliedmasen: Startposition im seitlichen Ellbogenstutz mit angehobenem Becken; je nach Leistungsstufe entweder angewinkeltes oder gestrecktes unteres Bein; Becken und Oberkörper in einer Linie mit der Frontalebene; anschließend abspreizen der oberen Gliedmasen und zurückfuhren in Ausgangsposition. 8 Wiederholungen im Takt der Musik, anschließend 10 Sekunden Pause und 3 weitere Satze. Anschließend rückengerechtes Aufstehen.	45 Sek. Dynamische Arbeit mit 55 Sekunden durchgängiger statischer Arbeit	
Dynamische Kräftigung des/der M. latissimus dorsi, M. trapezius, Mm. Rhomboide, M. supraspinatus, M. infraspinatus, M. teres minor, M. deltoideus + M. Pectoralis Major	Butterfly und Butterfly Reverse im Stand: aufrechte Standposition mit leicht gebeugten Knien, Fixierte Hufte; Oberarme parallel zum Boden auf Schulterhohe fixiert; Hände seitlich am Kopf; nun Ellenbogen nach hinten mit Druck bis zur Dehnung fuhren und anschließend maximal in der ROM nach vorne geführt, Grundspannung in Beteiligter Muskulatur durchgängig aufrecht erhalten. 3 Satze a 16 Wiederholungen im Takt der Musik zwischen den Sätzen 4 Beats Pause. Anschließend Muskulatur arme entspannen und Muskulatur lockern Übergang zum Cool Down	Insgesamt 90 Sek. TUT – pro Satz 30 Sekunden	

Tab.8: Phasenverlauf: Cool Down & Streching (eigene Darstellung)

Phasenverlauf: Cool Down & Streching 5 Minuten			
Ziel der Übung	Übungsbezeichnung und Übungsbeschreibung	Belastungsgefüge	Bemerkung
Pulsfrequenz senken; Lockern der Muskulatur	„Ausschütteln"/Lockern: einzeln Arme und Beine ausschütteln/lockern 40 Sekunden, Kopfkreisen (keine Überstreckung des Nackens, Halbkreisbewegung hin und her mit Kinn Richtung Brust) 20 Sekunden,	60 Sekunden	

14

Schulterkreisen vorwärts 10 Sekunden,
Ruckwarts 10 Sekunden.

Dehnung des M. rectus abdominis, M. obliquus externus abdominis, M obliquus internus abdominis, M. pectoralis major, M. latissimus dorsi	Dehnung der Rumpfmuskulatur über gestreckte Seitbeuge: Bei stabilem, überhuftbreiten stand mit leicht gebeugten Knien die gestreckten Arme maximal nach oben fuhren und dabei verschränken; Brustkorb nach vorne schieben und die Dehnposition über leichte Seitneigung einnehmen dabei aktiv die Arme schräg nach oben ziehen; Schultern bleiben unten. Dehnung 30 Sekunden auf jeder Seite halten.	30 Sekunden Dehn Zeit pro Seite (60 Sek. Gesamt)
Dehnung des M. Trapezius (pars descendens)	Dehnung der seitlichen Nackenmuskulatur: Bei stabilem, überhuftbreiten stand mit leicht gebeugten Knien den Kopf zur Seite neigen; Blick durchweg frontal nach vorne; Dehnposition durch herunterziehen der gegenüberliegenden Schulter einnehmen. Dehnung 30 Sekunden auf jeder Seite halten. Anschließend rückengerechter Übergang zum Boden hin zur Rückenlage.	30 Sekunden Dehn Zeit pro Seite (60 Sek. Gesamt)
Dehnung des M. biceps fermoris, M. semitendinosus + M. semimembranosus	Dehnung der Beinbeuger in Rückenlage: Aus der Rückenlage ein Bein leicht anwinkeln und mit dem Fuß auf den Boden setzen; das Andere Bein aktiv mit beiden Händen fassen und maximal bis zur Dehnung zum Oberkörper ziehen, Dehnung durch anschließendes Strecken im Kniegelenk. Dehnung 30 Sekunden auf jeder Seite halten. Anschließend Übergang in Seitenlage	30 Sekunden Dehn Zeit pro Bein (60 Sek. gesamt)
Dehnung des M. quadirceps femoris	Dehnung der Beinstrecker in Seitenlage: Stabile Seitenlage am Boden mit Arm in Verlängerung des Oberkörpers. Unteres Bein 90° anwinkeln; oberes Bein am Unterschenkel knapp über dem Sprunggelenk zum Gesas ziehen; Dehnposition über Hüftstreckung einnehmen. Dehnung 30 Sekunden auf jeder Seite halten. Anschließend Übergang in Rückenlage.	30 Sekunden Dehn Zeit pro Bein (60 Sek. gesamt)
Dehnung des M. Glutaeus Maximus, M. Glutaeus medius und M. Glutaeus Minimus	Dehnung der Gesäßmuskulatur in Rückenlage: In Rückenlage ein Bein mit gebeugtem Kniegelenk aufstellen und das andere Bein mit dem Unterschenkel darauf platzieren, anschließend die Dehnposition einnehmen indem das Stutzbein mit beiden Hände Richtung Oberkörper gezogen wird. Dehnung 30 Sekunden auf jeder Seite halten.	30 Sekunden Dehn Zeit pro Seite (60 Sek. gesamt)
Mobilisation der Wirbelsäule und Dehnung des M. obliquus externus sowie M. Obliquus abdominis	Dehnung der seitlichen Bauchmuskulatur: Weiterhin in Rückenlage werden beide Beine im Kniegelenk angewinkelt und für die Dehnposition seitlich auf dem Boden abgelegt werden. Schultergürtel dabei auf dem Boden fixieren. Dehnung 30 Sekunden auf jeder Seite halten. Anschließend in Rückenlage verbleiben Übergang zur Entspannung-Phase	30 Sekunden Dehn Zeit pro Seite (60 Sek. gesamt)

Tab.9: Phasenverlauf: Cool Down II Entspannung (eigene Darstellung)

Phasenverlauf: Cool Down II Entspannung 5 Minuten			
Ziel der Übung	Übungsbezeichnung und Übungsbeschreibung	Belastungsgefüge	Bemerkung
Nackenmuskulatur	Dehnung der hinteren Nackenmuskulatur: Stabiler, aufrechter Stand Arme liegen auf den Oberschenkeln auf Kopfneigung nach vorne	120 Sekunden	
Obere Rückenmuskulatur	Dehnung der Schulterblattfixatoren: Stabiler, aufrechter Stand Spannung in der Rumpfmuskulatur Gestreckte Arme vor dem Körper greifen Schulterblätter auseinander ziehen	120 Sekunden	
	Schluss		
	Worte zum Stundenverlauf: Feedback an Teilnehmer Anregungen entgegennehmen Hinweise auf Aktivitäten des Studios	100 Sekunden	

Alle Übungen haben ihren Ursprung aus dem Übungskatalog „Gruppentraining"
(Deutsche Hochschule für Prävention und Gesundheitsmanagement, 2013). Diese
wurden auf Grund individueller Erfahrungen und Einschätzungen angepasst.

Weitere Information Entnahme aus den Informationsblättern der Präsenzphase
03.11.2014 - 06.11.2014 an der Deutsche Hochschule für Prävention und Gesundheitsmanagement

4.4.2 Planung und Durchführung einer Wirbelsäulengymnastik

Grundlage einer Wirbelsäulengymnastikstunde ist eine gute Planung. Sie sollte
gut strukturiert und dementsprechend sinnvoll aufgebaut sein. Somit müssen vorerst
äußere Rahmenbedingungen, die Zielgruppe, die zeitliche Gliederung, sowie
allgemeine und spezielle Zielsetzung festgelegt werden. Anhand dieser Angaben
kann eine konkrete Planung des Stundenverlaufs und den damit verbundenen
Übungen stattfinden (Buskies & Boeckh-Behrens, 2009). Das Grundgerüst der
ausgearbeiteten Stunde kann nicht immer eingehalten werden, da ungeplante Unterbre-
chungen im Gruppentrainingsbereich die Regel sind. Beispielsweise dauert
eine Einleitung etwas länger als eine Minute, wenn mehrere Neukunden diesen
Kurs besuchen. Auch zwischen den Übungen bedarf es einer ausführlicheren Erklärung
und Betreuung der Neulinge, was wiederum zu einer Verzögerung führt.
Diese Planung konnte dementsprechend in der Durchführung nicht exakt eingehalten
werden und musste hin und wieder flexibel verändert werden.

Das Feedback der regelmäßigen Teilnehmer und der Neukunden war durchweg positiv. Somit können zukünftig weitere Wirbelsäulengymnastikstunde in ähnlicher Art und Weise erarbeitet und durchgeführt werden.

5 Literaturverzeichnis

Deutsche Hochschule für Prävention und Gesundheitsmanagement (2013). *Übungskatalog Gruppentraining*. 1. Unveränderte Auflage. Saarbrücken: Deutsche Hochschule für Prävention und Gesundheitsmanagement.

Buskies, W. & Boeckh-Behrens, W.-U. (2009). *Fitness-Gesundheits-Training*. Originalausgabe. Reinbek bei Hamburg: Rowohlt Taschenbuch Verlag.

Reiß, M. & Fikenzer, S. (2012). *Studienbrief Gruppentraining 1*. Unveröffentlichte Studienmaterialien. Saarbrücken: Deutsche Hochschule für Prävention und Gesundheitsmanagement.

6 Tabellenverzeichnis

Tab.1: Optimaler Phasenverlauf (eigene Darstellung)

Tab.2: Optimaler Phasenverlauf Gegenüberstellung des Kurses (eigene Darstellung)

Tab.3: Optimales Trainerverhalten Gegenstellung zum Getesteten Kurs (eigene Darstellung)

Tab.4: Phasenverlauf in der Übersicht (eigene Darstellung)

Tab.5: Phasenverlauf: Allgemeines (eigene Darstellung)

Tab.6: Phasenverlauf: Spezielles Warm Up (eigene Darstellung)

Tab.7: Phasenverlauf: Hauptteil Kräftigungsübung (eigene Darstellung)

Tab.8: Phasenverlauf: Cool Down & Streching (eigene Darstellung)

Tab.9: Phasenverlauf: Cool Down II Entspannung (eigene Darstellung)